novum pro

Jürgen Geisbüsch

?Fragezeichen?

novum pro

www.novumverlag.com

Bibliografische Information der Deutschen Nationalbibliothek:

Die Deutsche Nationalbibliothek verzeichnet diese Publikation in der Deutschen Nationalbibliografie. Detaillierte bibliografische Daten sind im Internet über http://www.d-nb.de abrufbar.

Alle Rechte der Verbreitung, auch durch Film, Funk und Fernsehen, fotomechanische Wiedergabe, Tonträger, elektronische Datenträger und auszugsweisen Nachdruck, sind vorbehalten

Gedruckt in der Europäischen Union auf umweltfreundlichem, chlor- und säurefrei gebleichtem Papier.

© 2022 novum Verlag

ISBN 978-3-99131-310-6
Lektorat: Alexandra Eryiğit-Klos
Umschlagfotos: Jürgen Geisbüsch, Namartsy | Dreamstime.com
Innenabbildungen
und Autorenfoto: Jürgen Geisbüsch
Umschlaggestaltung, Layout & Satz: novum Verlag

Die vom Autor zur Verfügung gestellten Abbildungen wurden in der bestmöglichen Qualität gedruckt.

www.novumverlag.com

EINLEITUNG

In allen gelesenen Büchern und Werken von vielen prominenten und bekannten Schriftstellern werden uns immer nur Empfehlungen vorgetragen, die sinnvoll sind beziehungsweise sein sollen. Doch die Entwicklung zeigt uns, dass auch diese Empfehlungen auf wenig Erfolg stießen und immer wieder nur eines dokumentierten:
Es ist der Mensch, der andere Tugenden an den Tag legen muss, um die sogenannte „heile Welt" zu erreichen. Zu unterschiedlich sind meines Erachtens die Gesinnungen unserer Völker auf der Erde, obwohl wir alle das Gleiche sind: MENSCH. Dalai Lama sprach in seinem Appell davon, dass Ethik über Religion stehen müsse. Er zielte sogar darauf, dass die unterschiedlichen Religionen eher schädlich sein können. Und es stellte sich immer mehr heraus: Sie können nicht nur schädlich sein – sie sind es. In unserem historisch prägenden Jahr 2015 trafen nicht nur hierzulande verschiedenartige Religionen aufeinander, die das Lebensbild dieser Welt gänzlich veränderten.
Der Sinn beziehungsweise das Ziel nach Gemeinsamkeit war dann nicht mehr praktizierbar, da verschiedenartige Mentalitäten aufeinandertrafen, die – so auch unser Ex-Kanzler Helmut Schmidt – niemals zu einer Einheit zusammenwachsen können. Und recht hatte unser leider schon verstorbener Ex-Kanzler allemal.

Die Entwicklung und Forschung treiben uns immer mehr weg von dem Menschsein, das eigentlich durch Empathie und Achtsamkeit zu einer Gesamtheit auf unserem Planeten eben jenes gemeinschaftliche Zusammenleben in einem gesunden „Wir-Gefühl" erzeugen sollte.
Und zwangsläufig komme ich dann immer wieder auf den leider schon verstorbenen erstklassigen Schriftsteller Roger Willemsen zurück, der in seinem letzten Werk unter dem Titel „WER WIR WAREN" auf vieles hinwies, was mich gerade in der jetzigen

Situation mehr denn je nachdenklicher stimmt. Und dahingehend stelle ich mir die Frage „WER WIR SEIN WERDEN" ...

In einem gesonderten Kapitel in diesem Werk nehme ich hierzu noch genauer Stellung.

?FRAGEZEICHEN?
Weshalb ein solcher Titel?

Sicherlich macht sich ein Autor Gedanken bei der Titelvergabe. Gerade in der Pandemie-Zeit wurden wir allesamt immer stärker mit **Fragezeichen** konfrontiert.
Auf viele spezifische Fragen wussten selbst Fachexperten keine plausible Antwort.
Es wurde und wird spekuliert, diskutiert, debattiert – ohne messbaren Erfolg.
Und mit 60 Jahren stellt man sich als Bürger, mit Blicken – sowohl zurück als auch nach vorn, tagtäglich Fragen, auf die man selbst eher zögernde oder gar keine Antworten weiß.
Hinzu kommt: Manche Antworten, zum Beispiel der führenden Politiker/innen, erscheinen einem eher paradox, realitätsfremd oder gar utopisch. Oftmals erscheinen mir die Vorhaben dieses Personenkreises eher als reines Wunschdenken.
Und während ich beim Schreiben in meiner „Kammer" (Anmerkung: meine schriftstellerische Werkstätte) sitze, habe ich das Gefühl, dass der Fragenkatalog kein Ende nimmt.

Ich kam zu dem Entschluss, dass gerade in unserer digitalisierten und hektisch-pulsierenden Gegenwart die Anzahl der Fragezeichen stetig steigt. Ist es die Ungewissheit auf eine schnellere, unnahbare, trockenere Zukunft, in der Vorhaben und Schlagwörter wie Empathie, Achtsamkeit, Zwischenmenschlichkeit und Solidarität nur noch wie eine Farce über die Lippen gehen?
So beinhalten viele meiner Kapitel Fragen, mit denen sich der Leser ganz bewusst beschäftigen sollte. Denn: Nur, wer hinterfragt, kommt auch zu einem Entschluss.
Insofern soll mein neues Werk dazu inspirieren, sich selbstbewusst dieser Welt mit all den vielen Fragen zu stellen, um letztendlich für sich selbst zufriedenstellende Antworten zu finden, die einem einen harmonischen Lebensweg ebnen.

VORWORT

Warum ein solch außergewöhnlicher Titel? Es sind die Fragezeichen unseres Lebens, die uns tagtäglich begegnen. Über die Jahre und Jahrzehnte summieren sich diese.
Und viele Schicksalsschläge und Katastrophen werfen zusätzliche Fragezeichen auf.
Wie reagieren wir? Unser Kopf ist voller Gedanken und Fragen. Da hilft mir persönlich das leidenschaftliche Schreiben. Was ich schreibe oder notiere, habe ich aus meinem Kopf aussortiert. Ja, ich habe meinen Kopf befreit und entleert von vielen Gedanken, die mich belasten, um so wieder Freiraum in meinem Gehirn zu schaffen. Eine Bereinigung innerhalb meines Kopfes, die Raum schafft für die schöneren und positiveren Gedankengänge in meinem Leben.
Die Antwort auf manche Frage kann somit durchaus ein oder mehrere Ausrufezeichen (!) sein.
Ein Ausrufezeichen (!) für lebensbejahende Visionen.
Ein Ausrufezeichen (!) kann aber auch ein Hilferuf bedeuten: ein Signal an jene, die meine Nöte, Ängste und Befürchtungen dann vielleicht besser verstehen. Es gibt sie und wird sie immer wieder geben – Fragen in unserem Leben, auf die wir bis zum Lebensende keine Antworten erfahren.

DAS GANZE LEBEN BESTEHT AUS FRAGEZEICHEN

In mehreren Interviews musste ich meinen Gesprächspartnern Fragen stellen. Fragen, auf die man mehr oder weniger zufriedenstellende Antworten erhalten hat.
Teilweise bestanden aber die Antworten aus sogenannten rhetorischen Gegenfragen.
Kinder fragen sehr viel, Kinder stellen Fragen, die ein Erwachsener gar nicht stellen würde.
So, der kleine Nils, der immer beobachtete, dass man den Wasserhahn zu Hause schnell abdrehen sollte, nicht zuletzt, um Wassergeld zu sparen.
Beim Spaziergang mit Opa Toni am romantischen Bachlauf dann die äußerst kreative Frage eines kleinen Kindes: „Opa Toni, warum kann man den Bach nicht abdrehen?"
Eine berechtigte Frage, die selbst Opa Toni mehr als verwunderte und auf die er so recht keine Antwort wusste.
Und wieder war dies ein Beweis für mich, dass die schlaueren Fragen – oder ganz einfach, die kreativen Fragen –, zusehends von Kindern gestellt werden, agieren unsere Kinder doch ganz einfach unbefangener.
Dies kann man auch ganz deutlich beim Sprechen von Kindern unter Kindern beobachten. Der Erwachsene hingegen denkt zu viel nach, bevor er ins Gespräch oder in Kontakt mit Mitmenschen tritt. Oftmals besteht dieses Nachdenken dann aus Vorurteilen, die sich im Nachhinein häufig als nicht gerechtfertigt erweisen.

DER BAUM

Getrennt von der Wurzel, ohne Verbindung zur Quelle,
steht er nun im Zimmer an besonderer Stelle.
Noch ist er frisch und noch voller Saft.
Er scheint voller Leben, voll Frische und Kraft.
Ein Zeichen für Hoffnung, für Licht in der Welt
und doch schon fast tot, weil die Wurzel ihm fehlt.
So wird er zum Gleichnis für den Zustand der Welt,
die ohne Verbindung zu Gott ins Chaos verfällt.
Noch scheint sie zu leben, noch reicht ihre Kraft,
um den Eindruck zu erwecken, dass der Mensch es schon schafft.
Der Mensch will herrschen und retten und bleibt dennoch nur Gast,
saniert und kuriert statt an der Wurzel, am Ast.
Geschmückt wie der Baum, verschönt und verziert.
Das Geschöpf ohne Schöpfer ist erschöpft und frustriert.
Verbindung zur Wurzel ist nötiger als je zuvor.
Es stirbt und geht ein, was seinen Ursprung verlor.

EIN ORT, WO DICH DIE BÄUME KENNEN

Es kann ein Dorf in der Eifel, im Hunsrück oder im Westerwald sein, der Asphalt einer Hauptverkehrsstraße in Berlin, Hamburg oder Essen, ein Mietshaus in einem Vorort, eine Villa am Stadtrand, ein Garten, in dem der erste Frost den Einzug hält, ein gewundener Waldweg, die Silhouette einer Hügelkette im Nebel, Sonnenlicht, das sich auf der Oberfläche eines Sees spiegelt. All das und vieles mehr kann Heimat sein.

Jeder Ort, und sei er für andere Menschen noch so unscheinbar oder gar hässlich, kann bei dem, der hier schon lange lebt oder hier geboren ist, ein tiefes Gefühl von Vertrautheit, Nähe, Sehnsucht oder Geborgenheit heraufbeschwören. Dafür müssen wir diesen Ort nicht einmal unbedingt lieben. Mancher wollte als junger Mensch der Enge seiner Jugendstraßen entfliehen, um dann später doch immer wieder zurückzukehren, getrieben von einer unbestimmten Anziehungskraft. Es kann auch vorkommen, dass wir erst erkennen, wie viel uns die Orte unserer Herkunft bedeuten, wenn wir von ihnen getrennt sind. Der Schriftsteller Fjodor Dostojewski sagte einmal: „Ohne Heimat sein heißt leiden". Aber warum ist das so? Warum sind uns die Straßen und Häuser, die Wälder und die Wiesen der Heimat so viel kostbarer als all die anderen Orte, an denen wir sind oder waren? Gegenden, die vielleicht viel besonderer, aufregender oder schöner sind? In manchen Ländern, speziell des Ostens, in denen man sich bekanntlich mit Seelenschmerzen gut auskennt, gibt es ein Sprichwort: „Nicht dort, wo du die Bäume kennst, sondern da, wo die Bäume dich kennen, ist deine Heimat". Schön gesagt. Und tatsächlich ist Heimat vor allem der Ort, an dem wir uns immer wieder selbst begegnen können. Es ist der Ort, an dem die Bäume nicht nur den Menschen kennen, der wir heute sind, sondern auch den, der wir einmal waren.

LEBENSHÜRDEN

Lange habe ich mir überlegt, wie doch alles auf unserem Planeten zustande kommt. ...
Und hilfreich hierbei war und ist mir mein Lieblingsfoto von der Nordsee unter dem Titel „HÜRDEN".
Wir alle müssen im Leben HÜRDEN nehmen, mal schwer, mal weniger schwer und manchmal doch so leicht und einfach.
Doch bei allen Barrieren, die sich uns in den Weg stellen, gibt es nur eins:

„NIEMALS AUFGEBEN!"

Der Kampf wird sich lohnen, und am Ende ist man zufrieden. Zufrieden, ganz egal, wie der Stand der Dinge ist. Hauptsache, man hat sich den Weg selbst geebnet.
Wenn ich Barrieren erwähne, fällt mir doch die ach so viel zitierte „Karriere" ein.
Was ist das überhaupt? Ist es eine steile Karriere, wenn ich den tausendsten Like bei einem Buch als Autor erreicht habe oder mein Werk gar ein Bestseller ist? Nein, Bestseller produzieren wir ALLE. Unsere Geschmacksrichtungen sind generell unterschiedlich. Nicht jeder mag Romane, nicht jeder schmökert gerne in einem gruseligen Krimi, nicht jeder ist angetan von psychologisch-tiefgründigen Ratgeberbüchern und so weiter und so fort. Und zum Glück ist es so. Wir sind alle unterschiedlich. Aber eines haben wir alle gemeinsam: Wir haben unsere LEBENSHÜRDEN zu überwinden. Und dabei benötigen wir unsere eigene Kraft, um unseren EIGENEN LEBENSWEG zu gehen, der durchaus auch mal über Umwege führen kann.

DER FADEN DES LEBENS

Beim Ausritt stürzte seinerzeit der französische Edelmann und Philosoph Michel de Montaigne von seinem Pferd. Er ist nicht bei Bewusstsein, als die Bediensteten ihren noch lebenden, aber schwer verletzten Herrn ins Schloss bringen. Und dennoch kann er sich später an den Vorfall erinnern: „Es war, als hinge mein Leben an einem seidenen Faden", schreibt er.
So dünn und zum Zerreißen gespannt empfand Montaigne die Verbindung seines Körpers zum Hier und Jetzt. Aber die Verbindung hielt stand. Montaigne erholte sich, wurde wieder ganz gesund. Der Faden hatte ihn gehalten.
Überhaupt scheint das Bild des Fadens eine große symbolische Kraft zu besitzen. Ariadne gelingt es, mithilfe eines Fadens aus dem todbringenden Labyrinth des Minotaurus zu entkommen. Der sprichwörtliche rote Faden hat seitdem so manchem geholfen, einen Weg durch allerlei komplizierte Umstände zu finden. Und so steht das Bild des Fadens einerseits für den Weg, den wir einschlagen können, für Orientierung und sicheres Geleit. Es macht aber auch deutlich, wie zerbrechlich manche Verbindungen sein können. Entscheidend aber ist, dass sie die Kraft haben, zu halten, solange der Faden nicht reißt, und mag er noch so dünn sein. Aber ist es nicht eigentlich so, dass jeder von uns so einen Lebensfaden spinnt? Mit jedem Gedanken, jedem Wort und jeder Tat fügen wir ihm etwas hinzu. Zentimeter für Zentimeter wird er länger und länger. Aber der Faden, der unser Leben ausmacht, wird nicht einfach nur auf einer Spule aufgerollt. Er ist auch nicht stets straff und zum Zerreißen gespannt. Im Gegenteil: Wir nehmen diesen Faden und verweben ihn. Und indem wir das tun, wird daraus etwas Starkes, etwas Belastbares und zugleich sehr Schönes. So entstehen im Laufe der Zeit Muster in vielen Farben und Formen der Teppich unseres Lebens. Und der ist bunt, vielfältig und einmalig auf der Welt. Denn der einzelne Faden mag dünn sein und reißen können. Das Gewebe des Lebens ist

es nicht. Es mag kein fliegender Teppich sein, den wir da knüpfen, aber er trägt uns und verbindet uns mit den Menschen und der Welt. Für Montaigne wurde der Reitunfall zum lebensverändernden Erlebnis. Die Erfahrung, dass selbst ein seidener Faden ausreichen kann, um mit dem Leben in Kontakt zu bleiben, trug dazu bei, ihm die größte Angst des Daseins zu nehmen.

DER FEHLENDE KOMPASS

Sicherlich berührt uns die jüngste Pandemie und hat auch persönliche Auswirkungen.
Ist uns dabei sogar die persönliche Orientierung verloren gegangen? Was ist richtig, was ist falsch? Sollen wir vielleicht auch bewusst „verwirrt" wirken, um die eigentlichen Begebenheiten nicht realistisch einschätzen zu können? Fragen über Fragen. Wahrheit kann manipuliert oder gefälscht werden. Und was als richtig oder falsch bewertet wird, ist nicht mehr unbedingt eine moralische Frage. Denn als richtig wird immer öfter das erachtet, was clever erscheint. Und falsch erscheint das, was keinen Vorteil verspricht. Wer laut ist, wird gehört (Anmerkung: auch wenn er Unsinn redet), wer dagegen schweigt, wird leicht übersehen. Wer dazu neigt, in solchen Kategorien zu denken, wer sein Handeln nach innen ausrichtet, macht dann den Klugen zum Dummen und umgekehrt. Da mag man sich fragen, was aus dem Feinsinn geworden ist, aus dem Anstand, der Gerechtigkeit, dem Gemeinsinn und anderen Wertvorstellungen, die doch unser Leben und Zusammenleben erst wertvoll machen.
Sind sie einfach verschwunden, vergessen oder vom Zeitgeist kurz mal eben zu Auslaufmodellen erklärt worden? Wenn dem so ist, dann wäre das eine Tragödie. Denn wer nicht sagen kann, was richtig ist, was falsch, wem Anstand nichts bedeutet, der hat seinen inneren Kompass längst verloren oder weggeworfen. Und das ist mehr als traurig. Denn wie soll ein Mensch seinen Lebensweg finden, wenn er nicht mal um die Himmelsrichtungen weiß? Wahres und erfülltes Leben ist so viel mehr, als nur erfolgreich oder clever zu sein. Es verlangt nach Höherem. Doch, wenn die Orientierung fehlt, wenn die Maßstäbe auf den Kopf gestellt werden, wo soll man anfangen?
Vielleicht so: In Japan gibt es ein Sprichwort, das sich wie die kürzeste Gebrauchsanweisung der Welt für ein anständiges Leben liest:

> „Wenn es nicht deins ist,
> nimm es nicht.
> Wenn es nicht richtig ist,
> tu es nicht.
> Wenn es nicht wahr ist,
> sag es nicht.
> Wenn du es nicht weißt,
> sei still."

Nichts von dem, was da gesagt wird, ist uns neu oder fremd.
Es ist keine tiefe philosophische Einsicht, keine welterschütternde Erkenntnis.
Und obwohl wir darum wissen, kann es hilfreich sein, daran erinnert zu werden.
Nur für den Fall, dass wir unseren Kompass versehentlich verlegt haben.

DER ZWEIFEL

> Zwei Wege taten auf sich mir im Wald:
> „Wie gern ich wollte beide Wege gehen!
> Unschlüssig mach am Scheideweg ich halt
> und schau, soweit ich kann …"

Robert Burns beginnt so sein Gedicht über den nicht genommenen Weg. Darin steht ein Wanderer vor eben jener Entscheidung. Er befindet sich an einer Gabelung, und beide Wege, die nun in unterschiedliche Richtungen weisen, sehen verheißungsvoll aus. Doch welchen nehmen? Und wenn die Entscheidung gefallen ist, wie wird sie sein Leben bestimmen? Und was, wenn er den anderen Weg genommen hätte, den er nun wahrscheinlich nie beschreiten wird? Wohin wäre er gekommen, wen hätte er kennengelernt, wäre es ihm dort besser ergangen?
Letztlich kennen wir alle dieses Dilemma, das uns der schottische Dichter poetisch vor Augen führt. Ständig müssen wir uns zwischen zwei oder mehr Möglichkeiten entscheiden. Und meistens werden wir nicht erfahren, was geworden wäre, wenn unser Entschluss anders gelautet hätte. Worüber Burns in seinem Gedicht aber eigentlich spricht, ohne es ein einziges Mal zu benennen, ist der Zweifel. Dieses nagende Gefühl der Unentschlossenheit, der unterschwelligen Reue und der Angst vor verpassten Chancen. Diese Unbestimmtheit ist es wohl auch, die dazu führt, dass der Zweifel einen nicht allzu guten Ruf genießt. Er fühlt sich schwierig an, zuweilen lästig, und während wir zweifeln, sehnen wir uns nach erlösender Gewissheit. Aber gerade, dass wir alles infrage stellen, scheint uns den Weg dorthin zu versperren. Verflixter Zweifel, wenn es ihn doch nicht gäbe.
So verständlich dieser Gedanke sein mag, bleibt doch die Frage, was wirklich wäre, wenn wir nicht zweifeln müssten. Wäre unser Leben nicht viel leichter und besser? Leichter vielleicht, aber besser? Die unbequeme Wahrheit lautet, dass der Zweifel eine

wichtige Funktion hat. Er hilft uns, abzuwägen, zwingt uns zum Nachdenken. Vor Gericht kommt ihm sogar eine besonders gewichtige Rolle zu: Im Gewand des berechtigten Zweifels, der verhindern soll, dass ein Angeklagter vorschnell und zu Unrecht verurteilt wird. Denn er zweifelt, hält inne und überlegt. Er versucht ein Problem von verschiedenen Seiten zu beleuchten, ist offen für andere Meinungen. Und wenn er dann seine Entscheidung trifft, kann er sicher sein, alles getan zu haben, nicht, um die beste Wahl zu treffen, aber die bestmögliche. Denn der Zweifel lässt sich nur selten restlos ausräumen.
Diese Nachdenklichkeit macht Zweifler zu besonderen Menschen. Zu Menschen, die nicht voreilig handeln, es mit der Wahrheit genau nehmen und nicht dazu neigen, das Blaue vom Himmel zu versprechen. Ein anderer Dichter, Erich Fried, hat diese Erkenntnis in einem kurzen Vers umrissen:

„Zweifle nicht
an dem,
der dir sagt,
er hat Angst,
aber hab Angst
vor dem,
der dir sagt,
er kennt keinen Zweifel."

WAS IST DEMOKRATIE?

Diese Frage stelle ich mir sehr oft. Dazu die Übersetzung aus dem Griechischen:

„Die Herrschaft des Volkes" Ist dem denn noch so?

Volksherrschaft, Individualität, Souveränität, Meinungsfreiheit, Toleranz, Republik, Exekutive, Rechtsstaat, Menschenwürde, Initiativen, Zivilgesellschaft, Legislative, Judikative, freie Wahlen, Interessenvertretung, Gewaltenteilung ... wahrscheinlich ließe sich das Ganze noch beliebig ausschmücken.
Sicherlich kennen wir auch die anderen Formen in den Ländern unseres Planeten, die alles andere als demokratisch regiert werden. Aber, droht uns hierzulande nicht auch die „Entdemokratisierung"? Ich denke, hier ist eine Erneuerung der demokratischen Verhältnisse dringend erforderlich.
Korruption, Betrug, Steuerhinterziehung, Lobbyismus, Egozentrik, soziale Ungleichheiten und Realitätsverlust bei unseren Volksvertretern führen immer mehr zur Politik-Verdrossenheit.
Die Autorin Carolin Emcke meinte zur Demokratie, dass dies nicht etwas ist, was man besitzt, sondern etwas, was wir uns immer wieder erarbeiten müssen.
Auch Christoph Möllers, Professor für Öffentliches Recht an der Humboldt-Universität Berlin, meinte: „Irgendwann erschöpfen sich politische Systeme."
Meiner Meinung nach könnte man einem solchen Aus- oder Erschöpfen zunächst einmal damit beggenen, dass man das Wahlsystem ändert.
Eine weitere Option hin zu einer Erneuerung oder einem Wandel wären häufigere Wahlen innerhalb einer Regierungsperiode, um so etwa eine langatmige und wenig effiziente Kanzlerschaft einer ermüdeten Kanzlerin, wie zuletzt im deutschen Lande, zu vermeiden.

Apropos Demokratie und Uneinigkeit: Für viele sicherlich im 21. Jahrhundert undenkbar, dass es in unmittelbarer Nachbarschaft wieder zu Kriegsereignissen gekommen ist. Weitere Kommentare hierzu möchte ich mir in meinem Werk gerne ersparen.

GROSSE UNBEKANNTE

Immer zum Jahreswechsel wird uns bewusst, dass das Leben eine Reise ist. Wir lassen den einen Ort hinter uns und streben einen anderen an. Und vielleicht sind wir dabei sogar glücklich, fortzukommen, um etwas abzuschließen. Oder wir wären gern noch geblieben und brechen nur zögerlich und mit Bedauern auf, weil es gut ist, wie es war.

Ein neues Jahr ist immer auch die große Unbekannte. Es hat so viele Tage, so viele Möglichkeiten, so viele Entscheidungen, die richtig oder falsch ausfallen können (und dennoch müssen wir sie treffen). Es gibt so vieles zu beachten und zu bewältigen, dass einem bei dem Gedanken daran bange werden kann. Und vielleicht empfinden wir deshalb zuweilen den Wunsch, nicht nach vorne stürmen zu wollen. Vielleicht denken wir dann, dass es früher besser oder zumindest einfacher war. Aber haben wir denn überhaupt eine Wahl? Schließlich will die Zukunft erschlossen und gestaltet werden, im Großen wie im Kleinen. Und wenn wir das nicht bewerkstelligen, wer tut es dann? Und überhaupt ist unser Leben, wenn wir es aus diesem Blickpunkt betrachten, ein Prozess, bei dem wir das, was kommt, zwar fürchten mögen, aber, und dies ist ein großes und gewichtiges „Aber", wir über eine einzigartige Gabe verfügen, um diese Furcht zu besiegen. Wir können nämlich aus Ungewissheit Gewissheit formen, einfach indem wir leben, nach vorne blicken und jedes Hindernis aus dem Weg räumen, eines nach dem anderen. Was wir dabei gewinnen? Neue Sicherheit und Erkenntnis. Nämlich darüber, was gut ist und was nicht. Was uns gelungen ist, worauf wir in Zukunft bauen und was wir vielleicht noch verbessern können. Das nämlich lehrt uns der kluge Blick zurück, der nicht nur verklärt, sondern auch einmal kritisch betrachtet. Und daher ist es wichtig, nie aus den Augen zu verlieren, was war, wenn wir uns auf den Weg nach vorne machen. Denn Erfahrung ist das beste Rüstzeug, das wir haben. Der dänische Philosoph Sören

Kierkegaard hat das in einem Satz ganz wunderbar und einprägsam beschrieben:

**„Verstehen lässt sich das Leben rückwärts,
leben muss man es aber vorwärts"**

Was wir dafür brauchen? Zuversicht, Vertrauen in uns selbst und unsere Gaben. Und das Wissen, dass diese für uns bestimmte Zukunft gelingen wird. Warum? Ganz einfach, weil es uns ja auch in der Vergangenheit geglückt ist. Denn sonst wären wir gar nicht hier.

ES ÄNDERT SICH NICHTS

Versprechungen jeglicher Art sind von unseren Politikern und Wahlkandidaten keine Seltenheit. Ja, reine Versprechungen vor den Wahlen, wo sich die Damen und Herren Politiker förmlich die Wählergunst zu „erschleichen" versuchen. Doch, wie heißt es so schön:

„Vor der Wahl ist nach der Wahl."

Nach den Wahlen stellt sich dann in der Tat heraus, dass es sich bei den vielen Parolen nur um reine Versprechungen und Floskeln handelt, denn: ändern tut sich nichts. Keine höheren Löhne in den Pflegeberufen, kein herabgesetztes Rentenalter und so weiter und so fort.
Es ändert sich nichts. Alles bleibt beim Alten.
Wen wundert es da, dass bei den stetig steigenden Diäten auch die Politik- und Wahlverdrossenheit weiter nach oben tendieren? Wenn die Bürgerinnen und Bürger spüren würden, dass sich tatsächlich etwas verändert, dann würde auch mehr Zufriedenheit in der Gesellschaft herrschen. Gerechtigkeit und Solidarität sind zumindest vor dem Hintergrund, weiterhin Fremdwörter.

GLÜCKLICH (ÜBER-)LEBEN

Unzählige Bücher gibt es zu dem **Thema Glück** auf unserem vielfältigen Büchermarkt. Sie suggerieren – neben dem sicherlich nützlichen und sinnvollen „positiven Denken" – eine „rosarote Welt", vorbei an jeglichem realistischen Bewusstsein.
Wer ist denn nicht gerne glücklich?
Ich sehe hier eine ganz andere Perspektive, die uns das Träumen erlauben soll und darf. Gründe hingegen, einen Wunschtraum nicht in Angriff zu nehmen, gibt es viele:

Keine Zeit! Ach, das ist nicht so wichtig! Erst muss ich noch dies und das tun! Das schaff ich ja doch nicht!

Am hartnäckigsten sind die Einschränkungen, die wir uns selbst auferlegen. Wir spielen das, was uns wirklich glücklich macht herunter und nehmen es nicht ernst.
In diesem Zusammenhang kommt mir ein Gespräch mit einem Bekannten in Erinnerung, der das Ganze auf den Punkt brachte:

„WIR ALLE MÜSSEN SEHEN,
WIE WIR GLÜCKLICH (ÜBER-)LEBEN"

MEINE ANATOMIE FÜR GLÜCKSRITTER

Ich wünsche dir ein Händchen für alles, was Du anfasst, einen Riecher für das, was dich weiterbringt, ein offenes Ohr für gute Ratschläge, ein starkes Rückgrat, wenn sich dir jemand in den Weg stellt, dass du immer wieder schnell auf die Füße kommst, dass du alles mit einem Augenzwinkern sehen kannst und das Lachen nicht verlernst.

Ja, diese Anatomie ist wohl bezeichnend, aber leider oftmals nicht gänzlich zu befolgen. Zumindest habe ich mir in Situationen, in denen ich am Grübeln bin, diese „Glücksritter-Zitate" immer wieder vor Augen gehalten. Und siehe da, ich konnte, zumindest in gewissem Maße, mein Selbstbewusstsein wieder ein wenig aufrichten und stärken.
Sicherlich gibt es im Leben auch ganz schwierige Situationen, wobei selbst die positiven Worte wenig helfen mögen. Doch letztendlich liegt es an uns selbst, wie wir wieder auf den richtigen Weg finden.
Und dies habe ich in meinen beiden vorhergehenden Werken (**„Lebens-Signale"** und **„KONZERNWAHN – Abfahrt der menschlichen Züge"**) immer wieder verinnerlichen wollen:

„DU BIST DEIN EIGENER LEBENSREGISSEUR"

und

„DU BIST, WAS DU DENKST"

VOM REICHTUM DES LEBENS

Eine große Wochenzeitung bat ihre Leser, einmal aufzuschreiben, was ihr Leben reicher macht. Die Antworten lassen uns staunen und – vielleicht sogar Demut empfinden. Da ist der alte Mann, der seiner Frau zum 50. Geburtstag einen von Buchen gesäumten Weg anlegte. Jetzt ist er über 80 und harkt noch immer das Laub, damit seine Liebste unter den Bäumen spazieren kann. Da kommt jemand nach einer schweren Operation und monatelangem Krankenhausaufenthalt nach Hause zurück und wird von der Amsel begrüßt, die seit jeher Hof und Garten für sich beansprucht, und er fühlt sich willkommen. Da berichtet eine Frau davon, wie sie beschloss, den ganzen Winter hindurch im See zu schwimmen, um durch die Kälte freien Kopf zu bekommen, weil ihre Mutter an Demenz erkrankt ist und das Leben seitdem so schwierig geworden ist.
Drei Menschen, drei Schicksale und drei Geschichten, die uns berühren. Weil sie Mut machen, weil sie von der zuweilen wundersamen Stärke der menschlichen Seele handeln, weil sie uns zeigen, was wirklich wichtig ist. Und weil sie davon erzählen, dass das Schöne und Gute überall zu finden ist für den, der es finden will. Aber vielleicht wird uns dabei auch schmerzhaft bewusst, dass wir oft den falschen Dingen hinterherjagen, möglicherweise die falschen Prioritäten setzen. Buchen, die zu einer Allee heranwachsen, das schlichte Lied einer Amsel und ein Bad im winterlichen See. Der Reichtum des Lebens ist unendlich groß und vielfältig. Jeder kann und wird für sich selbst anders definieren, was sein Leben bereichert. Zu wissen, was es ist, ist ein großartiges Geschenk. Für alle anderen von uns gilt: es zu suchen. Wie? Das gilt es herauszufinden. Einen wichtigen Hinweis aber haben wir: der Reichtum des Lebens ist stets eng verknüpft mit dem Reichtum der Seele.

WASSER UND TEE

Was soll das? Ja, was soll das? Eine Frage, die ich mir im Zusammenhang mit Religion und Ethik immer wieder stelle.

Dabei komme ich zu dem Entschluss, dass die säkulare Ethik über allem, auch den unterschiedlichen Religionen, steht. Dalai Lama begründete in einem sehr interessanten und bewegenden Interview mit dem Auslandskorrespondenten Franz Alt diese Konstellation und Lebensauffassung auf seine ganz eigenartige Weise: „Nach meiner Überzeugung können Menschen zwar ohne Religion auskommen, aber nicht ohne innere Werte, nicht ohne Ethik. Der Unterschied zwischen Ethik und Religion ähnelt dem Unterschied zwischen Wasser und Tee. Ethik und innere Werte, die sich auf einen religiösen Kontext stützen, sind eher wie Tee. Der Tee, den wir trinken, besteht zum größten Teil aus Wasser, aber er enthält noch weitere Zutaten: Teeblätter, Gewürze, vielleicht ein wenig Zucker und, in Tibet jedenfalls, auch eine Prise Salz, und das macht ihn gehaltvoller, nachhaltiger und zu etwas, was wir jeden Tag haben möchten. Aber unabhängig davon, wie der Tee zubereitet wird: sein Hauptbestandteil ist immer Wasser. Wir können ohne Tee leben, aber nicht ohne Wasser. Und genau so werden wir zwar ohne Religion geboren, aber nicht ohne das Grundbedürfnis nach Mitgefühl – und auch nicht ohne Wasser.".
Dieses Interview bewegte mich sehr, so dass ich für Veränderungen im 21. Jahrhundert, dem „Dritten Weltkrieg gegen die Natur", plädiere. Es gilt, einen Zugang zu finden, der uns Brücken bauen lässt zwischen den kulturellen, ethnischen und religiösen Unterschieden. Spirituelles Wohl ist meines Erachtens nicht von der Religion abhängig, sondern von der uns angeborenen menschlichen Natur, unserer natürlichen Veranlagung zu Güte, Mitgefühl und Fürsorge für andere. Unabhängig davon, ob wir einer Religion angehören oder nicht, haben wir alle eine

elementare und menschliche ethische Urquelle in uns. Ethik, nicht Religion, ist in der menschlichen Natur verankert. Wir werden alle auf die gleiche Weise geboren und sterben alle auf die gleiche Weise. Insofern ergibt es wenig Sinn, mit Stolz auf Nation und Religion auf dem Friedhof zu landen!

MEIN LIEBLINGSLEHRER HAT MICH VERLASSEN

Während ich mein nunmehr drittes Werk schrieb, ereilte mich eine traurige Nachricht.
Mein damaliger Deutsch- und Lieblingslehrer sowie hervorragender Lyriker Fritz Werf aus Andernach ist verstorben. Fritz Werf, wenn man so will, mein Inspirator …
Seine rührige Witwe Rosa schickte mir eine sehr einfühlsame Trauerkarte in der unter den Initialen von Fritz Werf „F. W." stand:
„Mit dem letzten Atemzug verlässt der Tod den Körper"
Und auf der Rückseite, verschönert durch eine bunte Illustration, ebenfalls von F. W.:

„Die Schwermut beim Untergang der Sonne schwindet mit
der Hoffnung auf ihre prächtige Wiederkehr"

Bei den letzten Begegnungen mit Fritz Werf wurden immer wieder die „schönen alten Schulzeiten" mit dem singenden Lehrer Fritz beleuchtet. Eine Arie, die mir heute noch in den Ohren klingt:

„FROH ZU SEIN BEDARF ES WENIG,
UND WER FROH IST, IST EIN KÖNIG"

In meinen beiden vorangegangenen Werken ist dieser hervorragende Schriftsteller mit einigen Passagen aus seinen Büchern verewigt.
In diesem Werk möchte ich von dem großartigen Fritz Werf den **„MUNDRAUB"** zu Papier bringen.

MUNDRAUB

Fritz Werf zu Ehren

Die Sprachmächtigen
die Trugträchtigen
stopfen uns Parolen
in den Schlund, holen
uns das Stimmwort
aus dem Mund, hinfort
verratzt, verdummt
kuschen wir verstummt.
(Fritz Werf, „Unheiliger Zorn", Verlag Ralf Liebe)

RIP, lieber Fritz ...

DER WEG IST UNENDLICH

Wir haben schon vieles über „den Weg" gelesen und gehört.
So lautet ein bekannter Song: „Dieser Weg wird kein leichter sein "
Doch ganz ehrlich: Sind wir es nicht selbst, die unseren Weg bestimmen?

Gehen wir nach rechts, nach links oder eher geradeaus?
„Viele Wege führen nach Rom" so heißt es salopp. Manche Wege sollen sogar über Umwege nach Rom führen.
Oftmals befindet man sich generell auf Irrwegen. Aber auch hier haben wir die Möglichkeit, umzudrehen oder einen neuen Kurs zu starten.
Wege sind vielfältig: eben, steil, kurvig oder generell hartnäckig und mit Hindernissen versehen.
Doch, wann ist der Zeitpunkt gekommen, um sicher zu sein, auf dem richtigen Weg zu gehen? Es wird wahrscheinlich immer eine Frage bleiben, eine Frage in unserem Leben, die uns bis zum Schluss begleiten wird.

DIE REFORM DER REFORM

Es gab schon immer Reformen im Laufe unserer Jahrhundertwenden. Es gab gute und auch schlechte Reformen. Reform ist insofern ein historisch-geprägtes Wort. Veränderungen allgemein können gut sein, müssen es aber nicht. Genauso wie man so dahinsagt: „Jede Krise ist die Chance für eine neue Herausforderung"
Manche Krisen kommen jedoch derart vehement, dass man schon große Kraft und Energie für die neue Herausforderung benötigt. Störend und auch teilweise erschreckend wirkt auf mich die Reform unseres deutschen Sprach- und Schreibgutes. Lasst doch endlich Deutsch deutsch sein und fummelt nicht so viel an der Gestaltung der Schreibweise. Woher rührt letztendlich die Aussage „Deutsche Sprache – schwere Sprache"? Über Groß- und Kleinschreibung wurde schon seit jeher beratschlagt.
Auch über die Dreierfolge unserer Buchstaben, wie zum Beispiel das Wort mit den drei „f" bei Schifffahrt oder die drei „p" bei Pappplakate.
Doch, dass man jetzt gendermäßig an der Auslegung von zahlreichen Wörtern „werkelt", ist für meine Begriffe mehr als bedauerlich, ja, wie ich bereits erwähnte, auch ein wenig erschreckend. Englische Importe, wie Slip, Pullover und so weiter sind ja schon dem deutschen Stamm zugehörig. Aber wollen wir nun unser Sprachgut und unser gesamtes Brauchtum noch weiter schädigen und/oder beschädigen?
Besteht da nicht ein gewisser „Nationalstolz", den wir durchaus haben können, dürfen und sogar haben müssen? Sankt Martin wird für mich immer Sankt Martin bleiben und nicht das von vielen „umgetaufte" Laternenfest. Aus der Speisekarte wurde hier und da das so gut mundende Zigeunerschnitzel gestrichen. Und darf ein gutes Stück Schwarzwälder-Torte überhaupt noch als „Schwarzwälder" serviert werden?

Selbst unsere ehrenvolle Nationalhymne soll umgetextet werden. Kritiker stoßen sich hier speziell an dem Wort „Vaterland". Etwa so: „Einigkeit und Recht und Freiheit für das deutsche Mutterland"?

Da bewundere ich die strammen, italienischen Fußballkicker, die lauthals und voller Nationalstolz und Inbrunst ihre Hymne trällern. So auch vor dem EM-Finale 2020 im Pandemiejahr 2021 gegen England. Und siehe da, die leidenschaftlich für ihr Vaterland kämpfenden „Azzurri" besiegten im Elfmeterschießen das Mutterland des Fußballs und krönten sich zum verdienten Europameister.

Und –, was habe ich da gehört? Die gesündeste Milch, unsere „Muttermilch", soll zur „Menschenmilch" werden (Anmerkung: da fehlt nur noch der „stillende Vater")? Mal ganz ehrlich: Geht's noch?

DINGE MACHEN, DIE DEM WESEN ENTSPRECHEN

Es sind die immer wieder zitierten Herzensangelegenheiten. Diese gehen in unserer Welt des „Allroundertums" oft verloren. Ein altes, aber zeitloses, Sprichwort lautet: „Schuster, bleib bei deinen Leisten".
Man kann nicht „Fachmann/"Fachfrau" auf allen Gebieten sein. Diesen Stempel drücken sich in unserer „Schneller-höher-weiter-besser-Gesellschaft" aber immer mehr Menschen, bewusst oder unbewusst, auf. Die Folge: „Mehr Quantität statt Qualität." Förmlich sichtbar wurde dies, als vor nicht allzu langer Zeit das „gute alte Handwerk" verspottet wurde. Selbst im Zeitalter der Digitalisierung wage ich zu behaupten: „Das Handwerk ist golden, und ohne Handwerk ist alles nichts"
So sollten sich speziell auch die jungen Menschen, die vor ihrer Berufswahl stehen, immer auf diese Dinge konzentrieren, die ihrem Wesen entsprechen.
Albert Schweitzer wusste schon: „Erfolg ist nicht der Schlüssel zur Glückseligkeit. Glückseligkeit ist der Schlüssel zum Erfolg. Wenn du liebst, was du tust, wirst du erfolgreich sein"
Und auch in allen Sparten und Branchen treten Veränderungen ein. Dazu Konfuzius: „Wer ständig glücklich sein möchte, muss sich oft verändern.".

14./15. JULI 2021

Mitten in der Pandemiezeit kam es zu verheerenden Hochwasser- und Unwetterkatastrophen.
Unwetter „Bernd" wütete besonders im Ahrtal (Bad Neuenahr – Ahrweiler und Umgebung) und in dem kleinen Eifel-Örtchen Schuld. Mehrere Häuser stürzten ein, es gab viele Tote und Vermisste.
Ich bin schockiert, nicht nur, weil es meine Heimatregion ist. Und wieder ist die Rede von unseren Missständen rund ums Klima, ja, dem sogenannten „menschengemachten Klimawandel". Tragen wir Menschen hier den größten Teil der Schuld oder sind wir sogar alleinig schuld an derartigen Katastrophen?
Haben wir letztendlich selbst den Klimawandel mit diesen schrecklichen und verheerenden Folgen zu verantworten?
Die höchste Naturkatastrophe der letzten Jahrzehnte, die überwiegend Rheinland-Pfalz und Nordrhein-Westfalen heimsuchte, stimmt mich nachdenklich. Nachdenklich, speziell auch in Bezug auf die künftige Entwicklung.
Und nicht nur unsere Experten appellieren in diesem Zusammenhang wieder an ein intensiveres Naturbewusstsein der Menschen.
Eine Schande, dass eine derartige Katastrophe ausgenutzt wird von Plünderern, von Katastrophen-Touristen und auch von Politikern, die sich im Hinblick auf die seinerzeitige Bundestagswahl im September 2021 in den Vordergrund reden wollten.
Da lobe ich mir neben den Einsatzkräften all die fleißigen und ehrenamtlichen Helferinnen und Helfer, die den Betroffenen uneigennützig zur Seite standen, tatkräftig anpackten und einmal mehr gelebte Solidarität bewiesen.

AUF DER STRECKE BLEIBEN

Menschen, bei denen Fragen überwiegen, sind die glücklicheren Menschen innerhalb einer Gesellschaft.
WARUM?
Aussagekräftige Menschen mit weniger Fragen oder gar keinen Fragen laufen Gefahr, mit ihrer klaren Haltung direkt „das Feuer anzuzünden".
Dabei sind dann besonders die Andersdenkenden geneigt, die offenen Menschen in die Sackgasse drängen zu wollen.
Schade, dass da der Kompromiss mittels Akzeptanz und Toleranz der Andersdenkenden und Urteilenden auf der Strecke bleibt.
Dabei sind mir persönlich die **KLARE-KANTE-MENSCHEN** lieber, da ich dann genau weiß, was ich denken soll und wohin ihre Tendenzen führen.
Gerade in unserer Gesellschaft fällt mir auf, dass immer mehr Spekulationen statt Fakten die Szenerie bestimmen. Auch dies kann zu einem bösen Unterfangen werden …

WER WIR WAREN

… schrieb Roger Willemsen in seinem letzten, nicht mehr ganz vollendeten Werk.

Und gerade in der Pandemiezeit werden mir seine Ausführungen immer deutlicher bewusst.

Während die Pandemie hier und da zu einer gewissen Entschleunigung beitrug, überwiegen doch mehr die negativen Aspekte, wie Vereinsamungen, Depressionen und Ängste bis hin zu Suiziden.

Und gerade jetzt wandle ich die Formulierung des tollen, leider viel zu früh verstorbenen, Schriftstellers Roger Willemsen um:

WER WIR SEIN WERDEN

Ja, wie sieht es nach der Pandemie aus? Wird es wieder ein **„Leben vor Corona" geben**?
Fragen, die mich beschäftigen, auf die es, – selbst unter all den Experten, keine eindeutigen und plausiblen Antworten geben wird.
So werden wir letztendlich auf uns zurückgeworfen und sind – auch in diesen schweren Zeiten – unser eigener Regisseur.

MEHR DEMOKRATIE WAGEN?

Mein Werk entstand in dem Superwahljahr 2021. Auch dieses schwierige Jahr wirft im Hinblick auf die Wahlen viele Fragen auf. Wer wird nach 16-jähriger Kanzlerschaft von Angela Merkel an der Spitze unseres Landes stehen (Anmerkung: mittlerweile ist Olaf Scholz deutscher Bundeskanzler)? Bei jeder Wahl dürfen die meisten von uns ihre Stimme abgeben für die Kandidatinnen und Kandidaten und die Parteien, die unsere Interessen am besten vertreten. Ich schreibe bewusst „die meisten", denn nicht alle von uns haben eine Stimme. Kinder und Jugendliche in diesem Land haben keine Stimme, zumindest nicht, wenn es um die Besetzung von Parlamenten geht. Ich finde, ohne diese Stimmen fehlen uns wichtige Perspektiven für die richtigen Entscheidungen, gerade bei generationsübergreifenden Themen. Eine Kollegin erzählte mir neulich, dass ihr sechsjähriger Sohn Max sie fragte: „Mama, warum darf ich nicht wählen? Ich weiß doch schon, wer meine Stimme bekommt." Tja, lieber Max, warum darfst du eigentlich nicht wählen? Gute Frage.
Kinder interessieren sich dafür, wie es unserer Erde geht. Sie demonstrieren für ein besseres Klima. Sie setzen sich für Tierschutz ein. Oder dafür, dass es in den Schulen endlich Computer gibt. Sie wollen mehr Sportplätze. Und sie wollen etwas dafür tun, dass es ihren Großeltern gut geht. Das sind ernst zu nehmende und vernünftige Forderungen.
Deshalb müssen wir Kindern bei Wahlen endlich eine Stimme geben. Eine Stimme, die sie für gute Bildung, Klimaschutz, bessere Löhne ihrer Eltern und offene Schwimmbäder abgeben können. Demokratie sollte von der ersten Klasse an Schulfach werden. Max und mir würde das gut gefallen. Ehrlich: Wenn Jugendliche in der Schule mal die Wahlprogramme der Parteien durchsprechen, können sie oft besser als ihre Eltern erklären, was welche Partei nach der Wahl plant.

Kleiner Exkurs: Als Willy Brandt 1970 das Wahlalter von 21 auf 18 Jahre senkte, lief das unter der großen Überschrift „Mehr Demokratie wagen". Mit Erfolg. Denn allen Unkenrufen zum Trotz führte das bei jungen Leuten nicht zu verantwortungsloser Radikalität. Junge Menschen fühlten sich gestärkt und ernst genommen. Ich bin überzeugt, mit dieser guten Erfahrung im Hinterkopf dürfen wir heute noch mehr Demokratie wagen: für unsere Kinder.

WEM KÖNNEN WIR VERTRAUEN?

Unser Leben beginnt mit Vertrauen in diese Welt. Wir erfahren es mit allen Sinnen von unserer Mutter, unserem Vater, von Großeltern und Geschwistern. Der Kinderpsychologe Erik H. Erikson prägte vor 70 Jahren den Begriff des Urvertrauens und erkennt dies als Ursprung für Liebe und Geborgenheit, für Partnerschaft und Gemeinschaft. Es gilt heute als wesentliche Grundlage eines gelingenden Lebens. In der Jugend weitet sich schließlich der Blick, wir werden vorsichtiger. Weil uns spätestens jetzt die schmerzliche Erfahrung zuteil wird, dass unser Vertrauen in andere nicht immer gerechtfertigt ist – und sogar, dass das Vertrauen in uns selbst noch auf wackligen Füßen steht. Daher stecken wir uns Grenzen, arbeiten sie immer präziser aus. Wir trennen sicheres von unsicherem Terrain und wachen stets über unseren Kreis des Vertrauens. Wer dagegen zu wenig Vorsicht walten lässt, der hört bisweilen: „Werd' endlich erwachsen!"
So lernt der Kopf, das Geschenk des Vertrauens äußerst fein zu dosieren. Zugleich aber weiß unser Herz: Vertrauen ist stets tief empfundene Wärme, vollkommen egal, ob wir es verschenken oder ob es uns entgegengebracht wird. Und so stellt sich die Frage: Warum vertrauen wir? Wer wärmt uns? Familie und Freunde, werden vermutlich viele antworten.
Doch im Wandel der Welt haben sich immer neue, immer ungewöhnlichere Mitglieder in den Kreis des Vertrauens geschlichen. Daher stellen sich immer neue Fragen: Welchen Bildern vertrauen wir? Welchen Informationsquellen? Welcher digitalen Plattform? Welchem Zukunftsszenario? Und sollte dieses Vertrauen tatsächlich ebenso grenzenlos sein wie das Internet, dem die Antworten immer öfter entstammen?
Ich empfehle eine gesunde Portion Skepsis. Nicht nur deshalb, weil viele der Antworten bestenfalls einen Teil der Wahrheit beleuchten. Der wesentlich entscheidendere Grund lautet: „Welcher maschinellen Antwort wir auch immer vertrauen, dieses

Vertrauen wird niemals auf Gegenseitigkeit beruhen". Im Gegenteil: Wir schenken Wärme, und die Maschine verwandelt sie in ein Informationshäppchen über unser Leben. Denn das ist die Währung, in der das Internet denkt: Informationen über das Verhalten von Menschen. Man könnte auch sagen: Kontrolle, das Gegenteil von Vertrauen.

Natürlich ist es nicht grundsätzlich falsch, eine Suchmaschine zu befragen. Aber die Antwort wird uns niemals wärmen. egal, wie sehr wir ihr vertrauen. Wärme geben uns nur die Menschen, mit denen wir unser Leben teilen. Das macht unsere Gemeinschaft so wunderbar einzigartig.

ALLE JAHRE WIEDER ...
Spekulatiuskekse sind Superspreader

Angela Merkel hat die Bürger noch vor ihrem Abgang auf schwere Zeiten eingestimmt. Wörtlich sagte sie: „Man muss damit rechnen, dass manches noch schwieriger sein wird als zuletzt". Beispielsweise Sonnenbaden, Erdbeeren pflücken oder in kurzen Hosen am Grill stehen. Vor uns liegt eine Zeit, die sich in ihrem Schwierigkeitsgrad exponentiell steigern wird. Der September 2021 erweist sich insofern als geschichtsträchtiger Monat. Und im Herbst generell lösen sich viele Blätter von den Bäumen und rotten sich auf Gehwegen und in Vorgärten zusammen. Das macht die Menschen melancholisch. In den Supermärkten werden die ersten Spekulatiuskekse und Dominosteine angeboten und bereiten uns auf die ersten Printen und Lebkuchen vor. Nicht nur das Lottospielen wird teurer, auch die Waffengesetze verschärfen sich. So müssen die Behörden beim Verfassungsschutz nachfragen, ob der Antragsteller als Extremist bekannt ist, bevor sie eine Waffenerlaubnis vergeben. Das klingt, als ob man nur noch als Extremist eine Waffe besitzen darf. Das Ganze wird umso schwieriger, wenn man kein Extremist ist, aber eine Waffe haben will, um den Supermarktleiter zu zwingen, die Spekulatiuskekse aus dem Verkauf zu nehmen.
Und wenn das Weihnachtsfest kurz vor der Tür steht, stellt man sich die berechtigte Frage, ob dann die Heiligen Drei Könige immer noch mit Mundschutz an der Krippe stehen werden und dem Heiland Gold, Weihrauch und Desinfektionsmittel bringen.

JEDER TAG IST EIN ABENTEUER

Uli fragte, ob ich für ein paar Tage mit ihm auf einen Reiterhof fahren würde. „Hast du denn schon wieder Urlaub?", wollte ich von meinem Bekannten wissen. „Und wo ist das? Darf man denn da überhaupt hin?" Solche oder ähnliche Dialoge gibt es in der Pandemiezeit mehr denn je in den deutschen Familien. Die sogenannte schönste Zeit des Jahres, die Urlaubszeit, wird eher zur Belastung: Man weiß ja gar nicht, wie man irgendwo hinkommt. Haben die Hotels überhaupt geöffnet? Muss man da dann auch im Haus Masken tragen? Und wenn ich für einen Absacker in die Bar gehen will – geht das?
Irgendwie scheint die Zeit stehen geblieben zu sein. Es ist, als würden wir im Jetzt stecken und nicht wieder rauskommen. Wer wagt es heute noch, lange vorauszuplanen? Ein paar Tage, vielleicht Monate? Geht gar nicht. Und selbst die Weihnachtstage, lass uns abwarten, ob wir wegfahren, heißt es bei den meisten. Zu Hause ist es doch auch schön.
In dieser Krisenzeit erklärten rund 75. Prozent der Deutschen, dass sie ihre Entscheidungen nur noch von Tag zu Tag treffen würden. Dieser Trend hat sich zunehmend verstärkt. Wir haben alle an die Planbarkeit unseres Alltags geglaubt. Und wir haben entsprechend gelebt. Wer seine Termine im Smartphone deponierte, hörte es ständig summen: Jeder Tag, jede Woche, jeder Monat war bis ins Detail durchgeplant: Brille abgeben, Kleider von der Reinigung holen, am Sonntag frische Brötchen holen (als wenn man das nicht auch ohne Handy wüsste!), Kaffee bei dem und dem, diesem und jenem zum Geburtstag gratulieren und so weiter und so fort. …
Für den überbordenden elektronischen Terminkalender, in dem die Eintragungen in den bunten kleinen Kästchen so dicht aufeinander folgten, dass dazwischen kein Platz mehr war, erfand man einen eigenen Begriff: Ich bin komplett durchgetaktet. Je mehr Termine, desto wichtiger der Mensch, dachten viele.

Jetzt ist das Smartphone weitgehend still. Jeder Tag ein neues Abenteuer, weil fast nichts vorausgeplant ist. Natürlich haben wir weiter unsere Bürotermine. Aber das, was das Leben schön und prall machte, geht jetzt nicht mehr: ein bisschen an morgen denken. Zwischendurch vom Besonderen träumen, von Stränden, Palmen, fernen Ländern.
„Denke lieber an das, was du hast, als an das, was dir fehlt", hat der römische Kaiser und Philosoph Mark Aurel (121 bis 180 nach Christus) so wunderbar treffend geschrieben. Seine Worte sind wie ein Wegweiser in unsere Zeit – fast 2000 Jahre nach seinem Tod.
Vergessen wir Urlaubstage, Brückentage, Geburtstage.

EINFACH NUR AN HEUTE DENKEN

Der Autor

Jürgen Geisbüsch wurde 1962 in Niedermendig, dem heutigen Mendig, geboren. Beruflich ist er in der Versicherungsbranche tätig. Bereits seit dem 14. Lebensjahr engagierte sich der Autor als freier Mitarbeiter im journalistischen Bereich. Zusätzlich zu zahlreichen Buchrezensionen berichtete sowie kommentierte er für regionale Zeitungen und moderierte in heimischen Fernseh- und Rundfunkanstalten. 2017 erschien sein erstes Buch im novum-Verlag: „Lebens-Signale"; 2019 folgte „Konzernwahn – Abfahrt der menschlichen Züge". Neben dem Lesen und Schreiben treibt Jürgen Geisbüsch gerne Sport und interessiert sich sehr für den Fußballsport. Das Schreiben aber bedeutet für ihn seit jeher ein Prozess zwischen Spannung und Entspannung.

novum VERLAG FÜR NEUAUTOREN

Der Verlag

„ *Wer aufhört
besser zu werden,
hat aufgehört
gut zu sein!*

Basierend auf diesem Motto ist es dem novum Verlag ein Anliegen, neue Manuskripte aufzuspüren, zu veröffentlichen und deren Autoren langfristig zu fördern. Mittlerweile gilt der 1997 gegründete und mehrfach prämierte Verlag als Spezialist für Neuautoren in Deutschland, Österreich und der Schweiz.

Für jedes neue Manuskript wird innerhalb weniger Wochen eine kostenfreie, unverbindliche Lektorats-Prüfung erstellt.

Weitere Informationen zum Verlag und
seinen Büchern finden Sie im Internet unter:

w w w . n o v u m v e r l a g . c o m

Jürgen Geisbüsch
Lebens-Signale
ISBN 978-3-95840-251-5
74 Seiten

Die kleinen Dinge bereichern das Leben am meisten, insbesondere Begegnungen mit anderen. Sie alle hinterlassen Spuren. Um solche geht es, von Prominenz über „ganz normale" Menschen, ergänzt durch harte, aber realistische Beobachtungen und Gedanken zum Leben.

Jürgen Geisbüsch
Konzernwahn

ISBN 978-3-95840-717-6
76 Seiten

„Wie viel Roboter ist gut?" Das ist nur eine der zentralen Fragen, die Jürgen Geisbüsch aufwirft. KONZERNWAHN dokumentiert auf eindringliche Weise den rasanten digitalen Fortschritt und nimmt diesen zugleich äußerst zeitkritisch unter die Lupe.